JN410049

純粹情談

순수정담

가슴이 두.근.두.근
아름다운 떨림이 있는 시

| 신동신 시집 |

차례

Ⅱ. 그리움愛 젖다

Ⅲ.교육愛 살다

Ⅳ.아름다움愛 취하다

prologue

상사화를 그리는 마음으로

그 꽃을 처음 만난 것은 초임 시골 중학교 봄 화단에서다. 꽃이라기 보다 봄기운이 넘쳐 보이는 잎만 무성한 진녹색의 군락이었다. 그것이 상사화相思花라는 것을 안 것은 한참 후에 선배 선생님으로 부터다.

꽃이 한참 피는 봄철에는 꽃은 꽁꽁 숨겼다 잎만 피워내고 모두의 기억속에 잊혀질까 싶으면 꽃으로 우리의 관심을 끌어내는 꽃.

무슨 사연이 저리도 깊길래 그 많은 날의 추억을 땅속깊이 꼭꼭 숨길까? 참으로 재미있고 엉뚱한 꽃이라 생각했다.

생각해본다.

꽃이라고 해서 봄꽃만 있는 것도 아니고 여름 꽃과 가을 꽃도 있음을... 더구나 잎과 꽃이 긴 시간 기다려 숨바꼭질를

반복한다는 것은 분명 나에게 기분 좋은 발견이 아닐 수 없었다.

별다른 재주도 없는 사람이 시를 썼다. 하루 하루 일기를 쓰듯, 아이들에게 받은 기분을 마음과 마음의 거리를 좁혀 간다는 생각으로 생산生産 하였다. 나에게는 쓰는 것이 아니라 어쩌면 생산이라는 표현이 더 어울리는지 모른다.
아이들이 나의 마음 속에 들어와야만 감당堪當이 되는 고마우면서 기분좋은 생산이었다. 특별한 질서도 없이, 격도 없이 그저 이야기 하고 대화 하듯, 그냥 좋아서... 그것은 일상의 기쁨이고 커다란 활력소가 되었다.

시골 한적한 중학교 교실 창밖으로 펼쳐지는 풍경은 그야말로 멋졌다. 봄은 봄대로 여름은 여름대로 가을과 겨울은 또 그렇게 자기의 모습과 가장 닮아 있었다.
비온 뒤, 온갖 구름이 들판을 지나 산속으로 잠기우는 모습은 흡사 아이들이 학교를 파한 후 집으로 돌아가는 모습이 되었다. 여름을 지나 가을 속으로 번져가는 황금색 들판은 내 마음속에 새겨진 가장 커다란 색상으로 남아있다.

여기에 옮겨본 대부분의 시詩들은 초임학교에서 아이들과 생활하면서 정리해본 나의 생활사이다.
그동안 오랫동안 잠자고 있던 글을 한권의 책으로 내기 까지는 너무도 많은 시간이 걸렸다.
이유야 어떻게 되었던 용기가 많이 부족했었나보다. 하지만 이제는 부족하면 부족한대로 공감해 주는 사람이 있다면 그 몇 명을 위해서라도 용기를 내고 싶다. 나이가 든다는 것이 어쩌면 없던 용기까지 생기나 보다.

제목을"순수정담純粹情談"으로 정했다.

Ⅰ.사랑愛눈뜨다
Ⅱ.그리움愛젖다
Ⅲ.교육愛살다
Ⅳ.아름다움愛취하다

Ⅰ부는 굳이 사랑편으로 이름 지었다. 학교에서 만난 학생들 그리고 선생님들 모두 모두가 사랑이었다. 한정된 공간에서 만나 울고 웃을 수 있는 많은 사연을 가진 사람들은 모

두가 가족이상의 따뜻함이 있었다. 시를 쓰게 만드는 근원이고 눈빛이 고운 사람들이다.

Ⅱ부는 그리움으로 많이도 보고 싶고 절절하게 그리워했던 어머니와 고향 그리고 친구에 대한 내용을 기록했다. 보고 싶음은 계절에 따라 다르고 시간에 따라 달리 전해옴은 세월이 많이 지난 지금도 어쩔 수 없다. 잎이 무성했던 시절이 지나고 나면 꽃이 필거라는 마음속의 어쩔 수 없는 상사화는 아닐까 생각해본다.

Ⅲ부는 교육愛 살고지고를 말해본다. 내 책속의 계절은 봄이 대부분이다. 봄은 시작이다. 어쩌면 아이들이다. 책속에 다양한 봄이 살아 숨쉰다. 같은 씨앗이라도 모두가 다르게 피어남은, 어디에 어떻게 자리를 정하느냐에 따라 또 다른 모습으로 성장함은 자연이 주는 교육방법이 아닐까.
아직도 안부를 묻고 가슴속의 이야기를 나눌 수 있는 제자들이 내게 너무도 소중한 보물이 되었다. 천직으로 알고 삼십년 이상을 달려온 여정가운데 많은 희로애락이 있음을 고백한다.

Ⅳ부는 아름다움愛 취하다로 정했다. 인생의 가장 푸르른 시절에 깃든 마음의 풍요함은 보이는 것 모두가 꽃이고 아름다움이 아닐 수 없다. 작고 아담한 중학교에서 보낸 4년여 세월은 교직생활 전체 속에서 오롯이 살아 나의 감성을 메마르지 않게 만들고 있다.

내 책장 속에 잠들어 깨우지 않고 있는 많은 습작의 시어들이 이번 첫 번째 용기를 발판삼에 날아 오르기를 기대해본다. 차갑고 단단하게 얼어있던 이른 봄 땅속에서 초록색 잎사귀가 기지재 켜고나면 이 다음 홍자색으로 아름답게 필 상사화를 그리는 마음으로 느즈막한 가을에 커다란 용기를 내본다.

2017. 1.

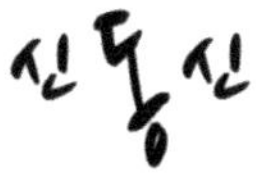

학교에서 만난 학생들

그리고 선생님들

모두 모두가 사랑이었다

사랑愛 눈뜨다

기약 없는 날에 당신을 만나면

어느
낯선 하늘아래
낯선 거리에서
그대를 만나면
얼마나 반가우랴

약속되지 않은 날에
몇 번쯤 마음 새기다
그대를 만나면
또 얼마나 반가우랴

그대 안다는 것 하나로 기뻐 살고
그대 이름 곁에 나의 이름을
살포시 놓으며
고향 밤 하늘 별처럼
마음 놓고서 반짝거려요

좋아 한다는 말은 없어도
사랑 한다는 말은 못해도
그대 남이 아닌 까닭으로
언제 어디에선들
눈과 눈이 마주치며
웃음 커지지 않고는
못배기일 테다

어떤 날 기약 없는 날에
어느 땅 어느 곳에서 만난들
마음 볼그레
얼마나 반가우랴

그대 내게 오라

그대 있음에
기쁨에 찬 날들이여
이 기쁨 다 행복 되어
그대에게 드리려니 그대 내게 있어라

그대 얼굴에
구름 드리운 날
나 빛 되어 내리려니
그대 내게 오라 내게 오라

모두가 스스로
꽃 되어 아름다워도
쉬이 지고 나니
서러워 아주 서러워

그대 내게 있어라

우리 서로의 안에서
영원토록 지지 않는 꽃으로 피자
향기로 날자

이 어둠 끝에
아침이 있나니
그대 내게 오라
나 초록으로 잠깨어
이슬 된 그대 함박 기쁨으로 맞으려니
그대 내게 오라
영원토록 내게 있어라

사랑의 마음

몇날 며칠을 두고
황홀이 가시지 않는 건
당신을 좋아하는
부드러운 마음이심에

더러는
야릇한 슬픔에
휩싸여 행복에 겨워했지

고급스런 안락은 아니고
깨끗이 손질해둔
장롱 속 녹슬지 않은 마음은
당신으로 일렁이는 녹색가슴 이심에
때로는 알 수 없는 기쁨에 묻히어
몸 둘 곳 몰라 했지

몇날 며칠을 두고

밤마다 꺼내어 보는
나의 맑은 거울에
들어있는 당신은
먼 훗날
박히어 살아 기분 좋은
파편이시라

너에게는 어울리지 않는 미움

긴 밤새 먹었던
당신 향한 미운 마음은
햇살같이 열리는 당신의 미소에
눈 사- 알- 짝 녹듯하여
나의 마음은 지금 *화和기롭다

당신을 미워하기로 한
지난 밤 나는
성난 바다 위 어린 배였다

내밀어 잡으려는 손에는
진한 어둠만 끌려오고
별 하나 성치 못한
망망대해였다
너에게 어울리는 것은
오로지 사랑하나다

*和 [고를 화, 화할 화]

안심安心을 목에 걸고

당신이 나의 곁에 있으니
이제 문을 닫습니다

이제껏 문을 열어
기다린 것은
당신 하나 였습니다
낮에는 고운 마음 빗질하여
햇살 가득히 받으며
당신을 기다리었습니다

밤에는 어둠에 막혀
길 잃을까 저어하며
100촉 달빛을 걸어 두었습니다

바람 한 결에 문 소리나면
당신인 듯 하여
귀 세워 설잠을 지고

문 열어 두었습니다

이제 당신 내 곁에 이렇게 있어
안심安心을 목에 걸고 문을 닫습니다
당신 내 곁에 있어
내 찾는 이 하나 반갑지 않습니다

가을 여행

우리
가을에는
여행을 떠나자
돌아오는 것은 생각을 말고
가는 것만을 머리에 두자

길이 끝나도 좋고
땅이 끝나도 상관없으니
우리
가을의 옷고름 풀어헤치고
그 속으로 길을 떠나자

내일이면 너무 늦다
가을은
기러기 한숨인 듯 쉬이 지나치니
지금 서둘러 가자
둘이 손잡고 가자

마음을 살려

사랑을 살려

소녀의 가슴 빛깔 닮은

가을 속으로 여행을 떠나자

돌아오지 않을

가벼운 설레임 안고

가을로 가자

기분 좋은 일요일 감정하나

만나고 헤어짐에 익숙해진
우리의 너와 나
만날 때 헤어짐이 있어
너무는 정들고 싶지 않으라

그저 지나치는 바람의
설익은 악수로
그저 지나치는 들꽃의
가벼로운 웃음으로
이제 더 이상
헤어짐이 아프지 않으리

쉬이 만난 쉬운 이별의 까닭으로
내 마음마저 가벼워진 사랑을
찾지 않을까 저어 하지만
어느 한 사람

그 사람 위하여 나를 반겨
나의 목숨을 그의 목에 걸고
사랑 하련다

만나야 할 자 만나고
헤어질 자 헤어져도
쉬이 잊혀지는 이름이 아니도록
우리 가슴을 열자
쉬이 잊혀지는 얼굴이 아니도록
우리 나의 나를 보이자

그대는 미운 사람

나 그대가 된다 해도
그대는 얄미운 사람
그대 내가 되어 보면
이 마음 하나의 뜻
헤아릴 테지

미워한다는 뜻 그대는
아실 텐가요
미워하고픈 이 내 마음은
아니랍니다

내 마음 몰라내는
그대가
어느 봄길 따라
나비처럼 걷노라 치면
오던 봄 서리 맞고
되돌아 울겁니다

가만히 나를 달래
그대를 보아도
미운 마음 쉽사리
가시지 않아
일곱 살 꼬마하나
내 마음속에 산다해도
나를 울린 그대는 정말 미워라

그대가 나를 보고
물어를 보면
아직도 미움 하나 가시지 않았어요

남이 아닌 까닭에
내 마음 몰라주는
그대가 있어
피던 꽃 다 피기 전
서러운 빗물엔들 다지고 맙니다

도시락을 먹으며

시장을 빙 돌아 차린
점심 도시락
농부들의 땀 결정체 위에
간간히 들어박힌 콩알들이
아내의 정성이다

살빛 좋은 하나의 계란 후라이는
군침을 돌게 하고
기운을 살려 낸다

십분도 아니 되는 이 순간을 위해
아내는 얼마나 많은
수고를 아끼지 않았을까

나른한 봄 꿈결
아침 일찍 나래 걷고
아내는 짧은 순간을 위해

긴-사랑 살림의 의미를
이 점심 도시락 위에
알뜰히도 심어셨구나

사랑의 재미가
도시락 먹는 맛이련가
“없는 살림에 건강이 최고지요
당신만 맛있게 드신다면
준비하는데 힘든 것 별것 아니예요”

마음의 꽃

쉬이 피고 지는 사랑을 피하여
이른 꽃피는 봄날 누구하나를
계절의 끝까지 사랑하여 보자

꽃 지는 계절엘랑
그대를 탓하여 머뭇거리지 않으며
나 스스로를 바쳐
그대 하나 꽃피어내자

길 오가다 만나는
쉬이 잊혀진 마음일랑
아무 미련 남지 않으니
인정의 텃밭에 마음 하나 심어보자

사랑을 모르는 이 사랑 알게 하고
사랑을 멀리한 이 다시 사랑하게 하며
상처 입은 자 치료하여 드리리

웃음 잃은 자 웃음 갖게 하고
마음 메마른 자 윤기를 찾게 하며
마음의 꽃
사랑의 참뜻을 깨듣게 하리라

창 밖에 내리는 모진 봄비

가시는 임이라도
잠시라 쉬어가소
피어나는 초록이라
잠시라 멈추시오
물드는 꽃이라도
잠시만 여미시오

흐려 아려오는 시야
메마른 육신에
뚝뚝 떨어지는 아픈 사연들의
넘나드는 이 고을 향기는
다 어디가고
오는 길 뵈지 않고
가는 길만 안개 속에 닿았습니다

무정無情

내 임 하나
내 마음 몰라내어
가슴 답답해도
내 곁에 들꽃 무수히 있어
살랑 속살거리니
약간쯤은 위안이
살이 올라요

이 꽃이 지는 6월이 오면
그때 나 무엇으로 위안 삼아
가슴 속 애쓰림을
버리고 살까요

전원에는 봄이와
꽃이 피고 새 노래하고
전원에는 여름와
산골물 깊이 흐르고

매미 노래 하린데

임은요, 겨울 한철

가슴에 햇살 좋은 줄 몰라요

인연因緣

넓어도 넓은
하늘과 땅 사이에
당신과 내가 살아
이렇게 만나서
사랑 할 줄은
인연이 아니고서야
가능 할까요

좁아도 좁은
하늘과 땅 사이에
당신과 내가 살아
꽃이며 나무사이로
사랑의 어린 싹 피어냄은
돌보지 않고서야
가능 할 까요

넓고도 좁은

하늘과 땅 사이에

우리 사랑 꽃씨 하나

바람에 날리어

어느 땅 어느 고을에

다시피어 난다면

거듭 맺어도 좋을

인연 이지요

꿈속엔들 가노라하진 마세요

그대 가노라 해도
아주 가지는 못하지요
그대 날 잊노라 해도
아주 잊지는 못하지요

시샘스런 마음에
그대 한번 던진 말
아주 가노라-

날로 커지는 사랑에
어쩌지 못해 하는 말
아주 잊어도 보노라-

잠 깨인 아침에
그대 향해 하는 말
잊는다는 밤이 너무나
길고도 험했어요

그대 보고 눈짓 내는

꿈속엔들 가노라하진

정말 마세요

애원哀願

길은 끝나고
날은 저물었습니다

가진 거라곤
배고픔과 피곤뿐
길가는 사람이 있었으면 하면서
애태웠지만
가슴만 타고 재만 남았습니다

봄 하루

오오, 달콤한 날에
향긋 비치는 그대 향기여
유리알로 반짝이는
나의 마음이여

그대 꽃이 아니어도
나 빛이 못되어도
서러울 것 하나 없는
봄길 걷는 이 마음

나 그대 있음 하나로
세상 다 얻는 것이 되는
마음 안락한 곳에
피어나는 사랑의 꽃이여

단절斷絶

이제 *단절의 변辯을
단련된 쇠에 혀로 세기자
하루가 모자라면 이틀
이틀이 부족하면 일 년
그래도 아니 되면 내 생애를 털어
그러하자

*단절(斷絶) 1. 유대나 연관 관계를 끊음 2. 흐름이 연속되지 아니함
[유의어] 절단, 절교, 불통

나 이제 어디에서도

나 이제 어디에서도
살아 갈 수 있으리라
고향이 아니어도
부모 형제 없고
얼굴 익은 사람 하나 없어도
나 살아 갈 수 있으리라

내 처음의 하나님과
내 마지막의 하나님, 하나님
당신 계신 곳이면
어디에선들 외롭지 않게
살아 낼 수 있으리

하늘이 어설피 열리고
설익은 인사 나누어도
오늘은 나 그대 위하여
마음 한 아름 열 수 있으리

하나님의 품안에선

모두가 한 형제

모두가 이웃이어라

지금 밖에는

지금 밖에는 햇살 좋은 토요일인데
나의 방에는 겨울이 머무른다
창문을 열고
굵직한 햇살 몇 줄 옮겨놓아도
금방 시들어 버리는 이유는 왜일까

약속 시간에 바쁜 사람들의
종종 걸음 소리 들리고
목적지로 향하는 자동차의 몸놀림은
사뭇 마음 들떠 있다

지금 밖에는 목련화 눈뜨는 일요일인데
나의 방에는 겨울이 한창이다
아내는 며칠째 독감으로
심하게 얼어있다
겨울옷을 입고
겨울철에도 덮지 않았던

무거운 이불을 덮고서도
저렇게 떨리우는 아내가 안쓰럽다

노래하던 새들의 소리가
그치었다
어제 그처럼 많이 걷던
길 위의 사람들이
오늘은 하나 없어 쓸쓸하다
새들도 사람들도 모두들
어디로 갔을까

지금 밖에는 봄 피는 일요일이 한창인데
나의 방에는 일찍이
맛보지 못한 겨울이 살아있다
아내는 언제나
저리도 두터운 겨울의 무게를
떨쳐내고 쏘-오-ㄱ
고개를 내밀려나

A

많이도 보고 싶고

절절하게 그리워했던

어머니와 고향 그리고 친구들

그리움愛 젖다

그리움

고향 친구 그리워
눈 아련하매
고향으로 머리하여 잠을 청하니
모두들 만나보고 아침이 오네

그대가 그리워
애타는 마음일 때
그대 계신 곳으로 밤을 맞으면
다 못헤인 별 가슴에 안고 아침이 오네

설야雪夜

밖에는 저리도
눈이 나리는데
그대 창에는
심지 돋은 촛불이
눈 밝히어 밝아있다

그대,
지금 이 시각 무얼 하느뇨
어느 사랑하는 이에게
긴 사연을 준비하는가
사랑한 지난날의
추억을 실 풀듯 마음 풀고 계신가

길이 없어도
밤은 잘도 오고
길이 없어도
눈은 잘도 잘도 내리시네

내 곁에서
그대 곁에서
눈은 소담스레 잘도 쌓이네

눈이 유난히 희게 푸르른 날 그대는
또 오늘처럼
밤의 커튼을 열어 젖히우고
촛불의 수명으로
밤의 연령을 재시우며
긴 밤
긴 사연
삶의 의미를
눈발에 꼭꼭 심으시고 계시나

새날

당신이 온다하여
지난밤에는
그리도 잠들지 못했습니다

당신이 온다하여
지난밤에는
당신 하나의 별 하나
당신 하나의 별 둘
꽃잎 헤듯 별헤며 당신 그렸습니다

칼 찬 바람이 무섭던
어제는 가고
막상 당신이 온다는 새날이 서도
마음 하나의 기쁨도 없습니다

차라리
당신 오기전 나 떠날까

마음 물어 봅니다
당신을 만나면
기쁨이 슬픔 되어
슬픔은 눈물 되어
마음 몸져누울까
우려하기 때문입니다

차라리
당신 오기전
곱게 한 마음안고
새벽길 떠날까 생각합니다

상심傷心 짓는 밤

밤은 밤대로 깊어
별 밖에 또 별이 없는 밤이야
바람은 어느 시골
졸리운 등불아래 누웠다
별이 이다지 많다야

바람은 없어도
잔별들은 가늘게 떨리우고
이름을 얻지 못한 별은
칠흑 같은 어둠을 택하여
많이도 살아 댄다

그래서
잔별들의 떨림은
사뭇 *상심傷心 짓는다
작아서 아름다운 것이
많고 많아도

달 없는 밤의

잔별은 너무 애간장이다

* 상심傷心 슬픔이나 근심, 절망 따위로 마음이 상함

만남

어디서 본 듯한 사람
당신 누구 아니요?
그립고 그리움에
가슴조이면 애태웠습니다

낯설지 않아
반가운 사람
당신 누구 아니요?
지난날들이
남은 날 보다
길어도 길었습니다

긴- 기다림에
만남을 맺어준 사람
당신도 나를
아니 기다리지는 않았지요?

이 뒤에

또다시 기다려 줄텐가요

만나서 이다지도 기쁜 사람

당신도

아니 기쁘고

못 견딘다지요

묻히고

사뭇 가리어져 살아도

당신이 진정 남은 아닐 테지요

지금 우리에게

너무나 좋아 눈물 나는 건

남이 아닌 까닭이지요

낯이 익은 까닭이지요

간절한 그리움

그대를 그리다 그리우다
그냥을 가면
별색시 꿈길에서 서러하겠네
별색시 꿈길에서 눈물짓겠네

그대가 보고파 보고프다
그냥을 지면
밤새껏 눈 반짝이는 별색시 되네
밤새껏 눈 반짝이는 꿈색시 되네

그대 향해 올 때는 오리 올 때는
먼 길 천릿길도 짧아져 있고
그대 향해 올 때는 달려 올 때는
마음은 좋아져 매끄로워라

하지만 그대 없이 돌아서는 길이 되며는
마음은 허전하여 어쩔까 싶네

마음은 허전하여 돌아앉겠네
화산같이 솟아나는 뜨거움 피네

오늘 위해
달래어 온 태산 같은 그리움인데
그냥을 가라시면 가라하시면
가도 가도 서럽겠네 서러울겠네
서른 날 꿈속까지 서러하겠네

고향 생각

야윈 밤 한숨결에
묻어나는 고향 생각
긴- 이 밤 기러기도
노젓는 고향 바다

미소微笑

그대의 웃는 모습이
아침햇살보다 고웁다
그대의 웃는 모습은
해바라기처럼 환해있다

그대여
웃는 모습 그대로
내 곁에 있어주세요
삶이 힘들고
때로는 무기력 하더라도
그대 함박웃음 머금은
모습으로 빛을 당겨주오

그대의 환한 웃음에
매일 또 다른 새날이 열리고
그대의 햇살 같은 미소에
새날 하루하루가

기름집니다

삶이 나의 뜻대로
되지 않아도
우리 조급하지 않게 삽시다
그럴수록 우리서로
웃음을 잃지 않는
여유를 가집시다

그대 미소 한 올에
나의 시름 펴지고
나의 미소 한 올에
그대 마음 편해질 테면
우리는 밤에도 웃음 짓는
태양을 보겠습니다

갈대 風

당신 앞에서만
흔들리이다

바람이 일어
내 몸 흔들리어도
진실로 당신 앞에서만
흔들리이다

당신 앞에서
꽃이 옵니다
제 스스로 뽑아 올린
긴목을 가져 향기 없어도
당신 앞에서만
포송 포송한 꽃이 됩니다

어둠입니다
동굴처럼 길어진 밤입니다

밤이면 혼자이어도
외롭지 않습니다
당신만 내 곁에 있어준다면

당신 앞에서만 노래 하리오
땅속 깊이 묻어둔
내 비밀의 노래를
이 내 긴목으로 들려주리다

당신 앞에서만 춤을 추리오
흥이 일어
내 몸 두둥실거려도
진실로 당신 앞에서만 춤을 추리오

지친 몸
시들어진 나의 목숨
살릴 이 오직 당신뿐

난 오로지

당신에 의해서만

위안 받고 치유되는 갈대

당신은 風

10월 연인戀人

그대 모습 지켜보았네
길이 다하는 곳까지
눈 하나 떼지 않고 바라보았네

들 가운데 뻗어난 길 위로
그대는 사뭇 멀어져 가네
점점 작아지는 모습에
마음까지 흐려오네

들판은 황금 빛
그대는 하얀 빛
거대한 황금 물결속
그대는 한 점 하얀빛

길이 다하는 곳에서
그대 모습에 내 눈 다했네

길이 다하는 곳에서
이내 눈 힘없이 돌아오네

더 따를 수 없는 나의 눈
마음까지 흐려오네

기다림

누군가 찾아줄
기다림을 가진 자는
한없이 기다려도
마음 아프지 않아 좋겠다

누군가 나를
기다리는 사람이 있다는 사실은
사랑보다 깊은 행복이리라
기다릴 자 없고
기다려주는 자 하나 없는 사람은
이 황량한 계절에
어떻게 안식을 청할 수 있을까

오고가는 길목에서
그저 눈짓 없이 헤어진
사랑 하나 아쉬운 이 순간은
정녕 나 홀로

세상을 살 수 없다는 뜻

기다리고 만나고
그리고 이별하고
기다림은 어차피 이별의 원천
영원한 만남과 이별은
이 세상에 있을까

기다림 뒤에 오는 것은 무엇일까
만남 뒤에 찾는 것은 또 무엇일까
누가 이렇게 묻는다면
우리는 그저
닮은 사람이니까
이렇게 끝까지 기다릴 수 있노라

쉬지 않고 날 기다리는
사람에게로 가야한다

삶은 어차피 기다리고
또 기다리는 사람을 위해
끊임없이 앞으로 나가야하는 것

머릿결 고웁고
눈빛이 같은 우리는
진정 마음도 닮았으리라
그 닮은 마음 하나를 위해
서로서로가 하나로 되는 순간을 위해
오늘도 기다리며 산다

이별의 끝

돌아서는 자의 마음에
환아한 등불을 달 수 있는 자
그는 누구일까
마음이 아프면 아픈 채로
눈물 나는 얼굴이면 목젖을 달구며
그렇게 가고
남는 자 사이에서
말알간 하늘을 볼 수 있을까요

남은자의 마음에
위로의 향기를 피울 수 있는
그 꽃의 이름은 무얼까요
추억을 하나의 밑씨로 하여
미래의 꽃을 피운다 해도
그렇게 가고
남은 자 사이에서
꽃다운 꽃이 될 수 있을까요

이 다음에 다가오는 자
더욱 곱게 하여 마음 풀어도
왠지 모를 빈 구석
다함없이 채워질까요
남은 자
예전같이 고운 햇살
느끼우며 살랑 가요

그리움의 꽃

누구를 닮은 꽃인가요
당신 동백꽃이여
누구의 마음을 올올이 짜서 만든 꽃인가요
당신 동백꽃이여
어느 누구의 사연이
붉게 물들었나요

남으로 남으로 비옵나는
끝없는 염원이 꽃이여
봄으로 봄으로 스며 사는
꽃빛 닮은 네 꽃이여

사랑하다 꽃이 되었죠
죽도록 목메이다
가슴처럼 얼굴 붉게 물들었죠

녹색의 난간에
발 딛고 일어선
말 풀지 못하고
평생을 그립도록 살
너 동백
그리움의 꽃이여

어머니

어머니
마지막 한번만 더
저의 나태를 용서하여 주십시오
어머니
마지막 한번만 더
저의 나약함에 채찍을 풀어주십시오

지금은
모두가 한 낮의 저 편에 있습니다
아직 다 피지 못한 목련도
깃을 안으로 모으며
잠이 든
봄 밤입니다

제 뜻대로 되지 않는 일이 많아
마음 상심하여
하루를 접었습니다

일의 끝까지
어머니께서 주신 힘을 붓지 않고서
일찍 돌아섰습니다
오늘 헤아릴
별의 수도 다 찾지 못하고서
일찍하여 손을 모았습니다

어머니
저에게 한정된 남은 날을
잘 알고 있습니다
젊은 날 노력의 의미도
잘 알고 있습니다

먼 훗날
제가 어머니의 연륜으로 서는 날
어떤 모습일까요
그려 보았습니다

어머니

어머니는 먼 곳에 계시어
아니 보이어도
항상 제 곁에 있습니다
언제든 저의 마음속에
자리하여 계십니다

이 어둠이 다하면
저는 어디로 가고
무엇을
어떻게
해야 한다는 사실을 알고 있습니다
또 하루의 해가
짧도록 살아야 하는 것도
마음에 비문으로 걸어 두었습니다

어머니

언제나 늘 하여

저의 빗장으로 살아 주십시오

첫 눈

긴긴밤 새 사이로
*흠쌓인 눈
뉘라서 아실련가
아련한 내 마음

메마른 갈대밭에
사뿐대는 춤사위
*熙하얀 세상밖에
진진한 예전 꿈

* 喜 [기쁠 희], 熙 [빛날 희]

혼자 가는 길

긴 여행에 겪는
흐르지 않는 시간의 고통이여
그대만 내 곁에 있어 준다면
일초 일분의 흐르는 시간도
아까울 텐데

창밖으로 펼쳐지는
오월 신록에 온갖 꽃들도
그대 없이 혼자 보노라니
예전처럼 아름답지 않네

염원念願

나 가만히
그대 이름 불러 보네
작은 소리로 다정스럽게
큰 소리로 그리웁게
나 그대 이름 불러 보네

눈을 뜨고
그대 이름 부르면
아득한 하늘 아래
그대 보이지 않고

눈을 감고
그대 이름 부르면
하늘 하늘 나비타고
내 곁에 꽃되어 오네

평생토록 눈감고 만날
당신이면 오지도 마오
내가 당신 불러줘도
그대 대답 없이 흐르는
바람이나 되어주오

계절의 길목

바뀌는 계절의 길목에는
보리가
노랗게
누렇게
샛노랗게 익어 있습니다

해가 어스름 지는 저녁이 되면
보리 내음새가
온 들에 가득 합니다

보리가 베어진
언덕배기에는
찔레꽃이 흐드러지게 피어
가는 계절과
오는 계절이
인사를 갖춥니다

찔레꽃 흰 빛이
들과 산에 물들면
자연은 가장 젊은
나이를 맞이합니다

산 향기 높아
하늘을 찌르고
뻐꾹새 온 산에
목이 아려도 좋습니다

가을 아침

임의 고운 손길 따라
아침이 열리어 오면
부셔라 눈 부셔
청랑淸朗 이슬에 마음 부시어라

내 알지 못한 날의
아침은 또 얼마나
고왔기에
일엽一葉 세포 짐 진 나에게도
이 좋은 아침을 느끼어 떨리는가

보라색 나팔꽃에선
보랏빛 노래가 들려오고
분홍색 나팔꽃에선
빛 분홍 노래가 들리어오는 아침

아 아, 네가 없어 서러운 날에
너 있어 감사하는 가을 아침이여

별 하나 새로 뜨네

해 저문 저녁쯤에
무덤하나 새로 나네
무덤이라 할까
모래성이라 할까
할아버지 무덤가에
젖먹이 무덤 새로 나네

날 저문 저편으로
누가 누가 길 떠나나
모두들 보금찾아
하나 둘 모이는데
가는 길 아주 먼 길
한번가면 돌아서서
다시는 못 오는 길

들에 핀 꽃들은
하나 둘 문 닫고

저편 고향 길가에 등불킨
어머니 모습 눈에 새록이는데
어느새 하늘에서
별 하나 새로 뜨네

가을 그 백담사[88년 11월의 백담사]

미련 없이 하직을 고하는
낙엽은 얼마나 황홀한 슬픔이냐
순간의 영화를 뒤로한 채
아낌없이 부서져 내려
한줌옥토 되는 뜻은
몰라도 고운 낙엽의 진실

대체 나는 무엇 이길래
가늘게 말라버린 영혼에
이다지 통곡의 잔을 드리우나
진정 나는 어디로 가길레
바람 한 소절 마른기침에
나의 길을 침묵 당하는가

홀로 돌아와 앉아 흐느끼는 밤
또 잎새는 낙엽 지는데
가야 할 곳을 알면서

가지 못하고 초조로운 밤

마지막 통첩은

속달로서 뜨락에 떨어졌다

국화꽃 피는 밤

무서리 이고 피어 고마운 뜻은
한 낮의 *靜한 하늘
나의 마음 이지요

밤은 깊고 달은 높아
더욱 하여 *鄕그리워 야윈 얼굴은
목매게 그리운 어머니시라
여름 날 심으시던 가신임의 뜻

* 靜 [고요할정, 맑을정], 鄕 [시골, 마을, 고향(故鄕)]

아침에 보내는 편지

어머니, 어둠이 가고
밖에는 새날이 왔습니다
이제 창문을 열어
하루를 시작 할까 합니다

어제의 잠자리가
깊고 안락했던 이유만은 아닌데
오늘 아침은
더욱 상쾌한
푸른 호흡을 할 수 있습니다

아직은
나른한 봄꿈에 젖어
산새며 들새들도
눈 뜨지 않아
태초의 아침인양
하얗게 조용합니다

어머니, 봄이라 하지만
바람 끝이 서슬 푸른 날들입니다
건강하시고
일 좀 제발 줄이세요
식사도 잘 챙겨 드시고요

봄은 시작이다

어쩌면 아이들이다

책속에 다양한 봄이 살아 숨쉰다

교육愛 살다

시작始作

초등학교 울 삼아 피어난 개나리는
병아리 떼처럼 노랗게도 피었다

하나 둘 셋 넷
둘둘 셋 넷
갓 피어난 꽃이

3월에 입학한 돌이와 짝꿍이 되었다

하나 둘 셋 넷
둘둘 셋 넷
손수건 가슴에 달고
아장아장 걷는 아름 이는

3월이 생일인 병아리처럼 걷는다

선생님 호각 소리에
발을 맞추며
입을 모아서
울 삼아 피어난 개나리는
또 그렇게 웃는다

고3을 위한 기도祈禱

(Ⅰ)

우리가 있어
편지를 쓸 수 있고
편지를 받는 사람이 아름다운 사람임을 감사합니다
편지를 쓰는 기쁨보다
편지를 받을때의 기쁨이 더 위에 있게 해 주시고
한 자 한 자의 글씨가 꽃씨로 자라
아름다운 꽃밭이 되고
우리들로 하여금 그 속에 살아지게 하소서

인생살이가 힘들어도
참고 견디며
어디선가 나를 위해 기도하는
별 하나가 있어 나의 마음이
평화로움을 기억하게 하소서
보이지 않아도
항상 곁에 있는 사람들

멀리 있어도
다정히 노래를 부르는 사람들
그 빛으로
그 소리로
세상 살아 숨 쉬게 해주세요

바람 끝에 매달린
구속된 젊음이
숨죽은 해방보다
나아도 한참 낫습니다
살아 있음으로 노력하고
노력함으로서 자신을 실천하게 해주며

하루하루가 아무리 바빠도
하늘만 보지 말며
땅에 사는 내 또래의 생명
그 안에 우리가 있음을

감사하게 해주세요

(Ⅱ)

사랑의 주여
오늘은 내가 알고 있는 소녀에게
밀렸던 숙제를 하고
외진 산길 한 곳에서는
아카시아 꽃이 만발하고
시장기 있는 꿀벌은 찔레순으로
새참을 드는 이야기를 하고 싶습니다

가장 힘들고 바쁜 한때
그 소녀는 학생이고 고3입니다
그가 오르는 산이 비록 험하고 높더라도
지치지 않도록 돌보아 주시고
손잡을 수 있는 모든 사람과
밀어주고 당겨주는

아름다운 손 가진 자 되게 해 주세요
벌써 밤이 깊었는데
꺼지지 않는 불빛이 있습니다
그들은 각자의 자리에서
내일을 준비합니다

내가 아는 소녀
영선이도 그 중에 하나입니다
지혜도 더하여 주시고
건강도 5월처럼 지켜주소서
새로 오는 아침이 열리면
길가의 우체통 앞에
나는 자랑스러워 질 겁니다

* 1990. 5 [고3 영선이게 쓴 편지에서]

아침이 있는 하루

아침이기까지는
긴 바늘이 운동장 두서너 번은
돌아야 하는데
소년은 마음 바쁘기만 합니다

새벽은 눈이 없어도 깨끗하고
거룩하게 고요하고
기도드리는 사람으로
가슴 뿌듯하지만
소년은 마음 분주합니다

석유 내음새 덜 바랜 간밤의
세상 소식을 집집마다 선사하는
순간의 기쁨은 그지없어
작은 의욕의 강물은 마음으로 흘러듭니다

아침이 있는 하루는 희망입니다

남들보다 아침을 먼저 맞이한다는 것은
한발 앞서 세상을 사는 것입니다
소년의 걸음은 태양보다도 앞서고
목에 시계를 걸고 사는
장닭보다 새벽이 정확합니다

세상은 변해도
소년의 마음은 한결같은 아침입니다
봄이 가고 여름이 오고
가을이 가고 겨울이 오는 것도
소년이 전하는 지상紙上에서
가장 먼저 시작됩니다
아침은 소년에게 꿈을 줍니다

* 88. 2. [아침 일찍 일어나 신문 배달하는 진호를 생각하며]

성장成長

어제보다 자란
아이들로 오늘 있었고
오늘보다 자랄
아이들로 내일 있겠지

아이들이 교실에 오면
마음이 자라고
지혜가 자라고
모두들 건강하게
잘도 자라네

기쁨 중의 기쁨이
여기에 피었네
자랑 중의 자랑이
여기에 숨쉬네

보리밭에는

보리밭에서
보-오-리 내음새가 난다
보리밭에는
겨울이 파랗게 떨고 있다
언제 저렇게
키를 올렸을까
모든 것 하나
넉넉지 않았는데

보리밭에는
새가 산다
쪼롱 쪼로롱 쫑쫑
보리밭에는 새가 즐겁다
바람이 불면
파도가 인다
파랗게 푸르게
보리 파도가 인다

보리밭 속에는

고개가 있다

낮아도 높은 고개다

우리 할아버지 할머니도

우리 아버지 어머니도 힘겨워 하셨던

보리고개 보리고개

6월 그 무더운 황색더위에

더욱 강해지는

어느 민족의 애환이 서린

역사의 거울이

보리밭에는 숨어 있다

내가 가는 길

포장도 되지 않은 길을
나는
하루 한 번씩 왕복한다
먼지는 뽀얗게 버스의 꼬리를 물고
한없이 따라온다

도중에 차車라도 만나면
길이 좁아 한참씩 애를 먹고
먼지를 먹고
숨을 멈추기도 하여
호흡을 최대한 억제하여 보지만
들어온 황토길 뽀·오·얀 먼지는
어김없이
혈액 깊숙이 박힌다

길 위에 제멋대로 생겨난
크고 작은 돌멩이에 미끄럼 타는 버스

마구마구 흔들리는 버스
내 몸속 오장육부는
이내 흩어지고 뒤죽박죽 되었네

그래도 나는 이 길을 가야한다
나를 기다리는
그 까맣고 똘망똘망한 눈망울을 위해
나는 가야한다
돌아오는 이 길이 자랑스럽기를 바라며
내일도
모레도 그리고 ...
이 길을 가야한다

* 1987. 9. [포장도 되지 않은 시골학교 출근길에서]

신명

비가 내리는데
아이들이 축구를 한다
곰실곰실한 놈들이
넘어지기도 하고
고래고래 소리를 지르면서
공차기를 한다

공 잡은 폼이 제법인 녀석이
냅다 상대편 골대로 향한다
수비를 한명 제치고
또 한명을 속이려 하지만
용감하게 몸을 날린
수비에 걸려 넘어진다

비가 굵어지고
땅이 질척 거려도
얘들은 더욱더 신이난다

우르르 우르르
상대편을 향하여 왔다 갔다 하지만
좀처럼
골인이 되지 않는다

문전처리가 미숙하다
골 결정력이 없다
어쩌면 녀석들은 국가대표선수다
찬스에 약한 모습에 애가 흐른다
관중은 몇 안 되어도
아이들의 신명은
하늘을 찌른다
공보다 더높이 점프를 한다

나의 기도문

주여
이렇게 살게 하소서
물같이 변치 않을 사랑 담게 하시고
미움이 고개들 때 하늘을 우러르고
믿음이 약하여 처방處方받지 않게 하시며
기쁨은 먼저 하여 그대에게 드리고
슬픔은 먼저 하여 내가 앓게 하소서

나로 말미암은 사람에게는
내 소유 이상의 무엇이든 허락하시고
맑은 총기聰氣 가진 자 위해
내가 살게 하시고
그를 위해 진실의 빛 넘쳐나게 하소서

현실을 가장 소중히 하며
일초 일분의 작은 것에도
억겁 이상의 중요를 심으시고

긴장의 푸른 띠 두름에
삶의 나약함 떨치게 하시되
떳떳함을 생명으로 삼게 하소서

잘못이 비치면 아무리 작더라도
미안해 할 줄 알고
대소大小를 떠나 잘함이 여기어지면
감사에 입 마르지 않게 하시고
생명이 있는 무엇에 대해
내가 나를 아끼듯
아껴 사랑하게 하소서

늘 하여 양지에 만족할 수 없듯이
때로는 음지의 고충을 기억케 하며
삶이 척박하고 메마르더라도
마음을 잃지 말고
양심이 가벼이 되지 않도록
세상 바르게 볼 수 있는 안경을 채워 주소서

봄소풍

내 품지 않은 날에
이 좋은 햇살 있었네
바람은 깜박 졸고
아이들은 웃음 굴리고
기분은 풍선을 타고
둥둥 하리 둥둥

내 알지 못한 날에
알 깨고 태어난
진달래 밭에 봄 하루여

산 향기 커지매
아이들의 모습 절로 푸러라
볼그레 상기된 마음은
둥둥 하리 둥둥둥
진달래 발아래
숨어있는 비밀하나

보물 딱지 꿈 딱지
이만큼 높이에서
에헴, 보는 파랑새 한 쌍
아이들의 가슴에
꿈을 담아요
보물을 심어요

답장을 쓰며

보내준 편지는 잘 받았단다
네 마음씨 같이 고운 봄이
학교 앞이며 뒷 뜰에 차고 넘치어
칠보천 강물에도 넘나 흐르는 구나
햇살이 고향인 칠보 울안에 있던 네가
다른 곳 더 큰 데로 옮기어
잘 적응하고 있다니 귀 고운 소식이었다

우리 인간은
따스한 미소를 가졌으니
어디 간들 쉽게 친구를 만들 수 있지
봐라
너도 지금 더욱 많은
좋은 친구를 사귀었잖니
항상 마음씨 곱게 정갈하게 행동하며
친구에게 대해야한다
잘하고 있는 은희의 모습이

내 곁에 있단다

언제든 노래하는 마음으로
마음이 외롭고 허전함이 있을 땐
목소리 크게 노래하고
마음 흡족하여 기분 넉넉히 찰 때는
한 마리 나비되어 흥얼 거리려무나
노래 이상의 소화제가 더 있을까 싶구나
그리고 너는 노래를 아주 잘하잖니

지금쯤 너의 곁에도
은희 널 닮은 봄이 왔겠구나
큰 소리로 봄처녀 노래나 불러주지 않으련
이곳까지 들리게

기분이 찰 때 보다
비워질 때가 많은 우리네 인간이다

둥지를 떠난 어린 새의 모습
처음으로 시도되는 삶의 다른 과정
참으려무나
한 번, 두 번, 열 백번이고
참으려무나

그런 다음에는
크게 한번 태양을 향해 웃어라
비온 뒤의 하늘같이
마음 푸르러 지지 않을까한다
그런 까닭으로 우리는 이다음을
기다리며 사는 것이 아닐까

편지를 쓴지 오래되어
아주 잃어버릴까 걱정했는데
오늘 이렇게
답장을 쓰게 되니

잃어버렸던 웃음을
되찾은 기분이란다

형식적인 전화 안부는 싫어하지
공중에 버려지는
언어와 언어의 수많은 공해
가장 잘 정제된 아스피린 한 알이
머리를 맑게 하듯이
흰 종이 위에 수놓아지는 우리의
마음이 있다면
편지 밖에 더 있을까 싶구나
시간이 여유로우면 편지를 쓰거라
부모님께 친구에게 그리고...

* 1988. 3. [도시로 나가 고등학교 진학한 은희에게 답장을 보내다]

푸른 교실

홀로이
빈 교실에 앉았노라면
지나가는 하루가 다가선다
푸른 마음으로
늘 푸른 마음으로
저마다의 모습으로 커가는 자리

이런 기쁨이 또 있으랴
아이들 손때 묻은
걸상이며 책상에
하루의 마지막 햇살이
다소곳하게
또 내일을 준비하는구나

군데군데 파이고
수놓아진 글자들
수많은 이름들

아이들의 마음처럼

앞날이 선명한 약속들이네

성하盛夏

이슬을 잠 깨우려
바람이 먼저 오나
햇님이 먼저 오나

아무도 오가지 않은
순수의 대지위에
바람은 꽃뱀처럼 흐르고
햇살은 나무위에 줄 걸리었다

이슬 하나 바람이 살라먹고
이슬 둘 햇살이 구워내고
땀방울만 송골거리는 대지大地
땀방울만 대롱이는 잎새

하늘을 올려보니
구름은 아예없고

둥그레한 태양이
혓바닥을 날름거린다
나무 숲 사이로
고개를 땅 박고
숨 할할 대는 바람, 바람들

태양은 제비보다 높이
유월 하늘을 횡단하고
물기 한 점 없는 키큰나무는
대지의 마지막 물을 빨아댄다

* 1988. 6. [바람 한 점 없는 교실에서 야무지게 시작되는 여름을 느끼며]

오늘 하루 발전을 기대하며

또, 새날이 밝는다
아직은 별이 온전히 밝고
새색시 눈썹고와 섬세한 달은
생동생동 살아 있다

오늘 하루도
어디로 가야 하는가를 알고
하루 일과가 어제와
변화 없음을 안다
누구를 만나고
또 어떤 이야기를 해야 한다는
사실도 안다

하지만 오늘은
오늘 하루는
어제와 좀 더 다르게
보다 나은 이야기를

했으면 하는 마음이
나를 가볍게 긴장시킨다

집 오갈 때 빈자리라도 하나
차지한다면 좋겠다
그리고
오늘 어떤 기분 좋은 일이
나를 기다려 주길
소박히 바램해 본다

가장 깨끗한 언어에
행동을 더하여
그들의 눈에 고맙고
뭔가 더한 깨치움 주는
그런 날 이기를 고대하며
아침 태양을 향하여
사-아-ㄹ짝 눈 감아 본다

실망의 이유理由

C시市의 D서점에 들러
시집을 골랐다
얼마나 많은 시인들이
세상에 존재 할까

눈과 귀에 익은
유명 시인의 시집은
지폐 두 장 호주머니에
들어있는 나를 외면한다

내가 그들을 위하여

내가 그들을 위하여
길이 되고 싶다
자신의 이상을 향해
아름답게 길 가는
그들을 사랑하고 싶다

내가 그들을 위하여
작은 빛이고 싶다
그리하여 그들이 사회에 이바지 하는
더 큰 빛이 되는 것을
지켜보고 싶다

내가 그들을 위하여
샘이 되고 싶다
갈증을 풀고 세상을 밝게 보는
그들을 사랑하고 싶다

내가 그들을 위하여
운동장이 되고 싶다
튼튼한 마음과 육체에 나라가 걱정 없는
그들을 보고 싶다

열림 - 그 11월

아침 유리창가에
햇살이 걸리었다
아이들 웃음이
화사하게 피어난다

아침 유리창가에
걸린 햇살이
부챗살 같이
환하게 번져온다

때는 11월 이른 아침
가을이 시들고 낙엽이 지고
불타던 단풍이 가고
날세운 아침 냉기에
아침 햇살이 고마웁다

올 들어 처음 얼었던
쬐그마한 손이
유리창에 걸린 햇살에
사르르 녹는다

아침 유리창가에
아이들 웃음이 피어난다
아침 유리창에
기분좋은 하루가 맺혀있다

아름다운 성장을 위한 기도

주여
저에게 더 큰 마음을 허락 하소서
미움을 미움으로 받지
않게 하시고
기쁨은 내 이웃과 함께
나눌 수 있게 하소서

타인 실수를 질책하지 않는
큰 이해의 마음을 주시고
작은 선행이라 하여도
꼭하여 칭찬을 보내는
마음을 주소서

물이 낮은 곳을 찾듯
어둠에 빛 찾지 못한 자
그들을 위해
내가 살아

남은 목숨 바칠 수 있는
용기를 주옵소서

불같이 끓어오르는
마음이 생길 때
어머니 세상 살아오심 같이
참고 자신을 녹일 수 있는
찬 손을 주십시오

내가 나 자신을 잃으면
내가 이미 아니듯
나는 항상 나속에
아름답게 살려하는
금 같은 믿음을 허락하소서

외모로 취하여
서로 구분하지 말며

말言이라 하여
다 말 되게 하지 마시고
항상 고운말에
혀 쓰게 하시고
귀 열리게 하여 주옵소서

매사를 경쟁에 붙여
남 생각지 않는 이기의
마음 생기지 않게 하시옵고
목숨이 다하는 날까지
협조와 타협을 중시하는 습관이
뼈 속 깊이 스며들 수
있게 하여 주옵소서

난로가에서

이 마을 이야기가 서리고
저 마을 이야기가 흐르면
우리들 기분은
달구어진 난로처럼 활활 탄다

영하의 온도에 얼었던 웃음이
포시시 눈비비고 고개 들면
자기도 모르게 좋아지는
간절한 우리들 우리들맘이네

겨울은 교실 안에서
익을 대로 잘 익고
아장아장 걷는
우리들 마음은
고거 참!
모두가 한 가족되네

* 87. 12. [난로가에 모인 아이들 모습이 너무 좋아 보인다]

이런 사람이 필요합니다

마음 *연姸한 사람이면
내 몸같이 사랑하련다
눈 빛 고운 사람이며
두 말 않고 손을 꽉 잡으련다

말하기 앞서 듣기를 두 배 하시는
그 한 마디에도 진실이 푸르면
평생을 *초로焦勞하여 친구로 삼으리

작은 것에도 감사가 크고
내 것 네 것에 서툰 사람이면
우리는 언제고 그의 편 되시리

* 姸 [고울 연], 焦勞 [마음을 태우고 애씀]

우리 반班 기우는

산에 묻혀
산이 고마웁다는

우리 반 기우는
반에서 키가 제일 크다
기우가 사는 곳은
자전거길만 고불고불
학교에서 가장 멀어져있다

산에 묻혀
별빛이 작아도 밝은 곳

기우네 집은
아직 호롱불 심지 올려 밤 밝힌다
그래도 그의 마음은
어둡지 않고 다정스럽다

하늘이 산에 갇혀
손에 닿는 기우네 마을
험산준령 병풍처럼 휘감고
염소며 잿빛 토끼
쉬임없이 풀을 뜯는 곳

우리 반 기우는
마음씨 곱기로 으뜸이다
산속에 묻혀
서울구경 못한 맑은 햇빛으로
얼굴이 늘 화사하다

학교가 멀어도
밤되어 호롱불 졸음 졸아도
기우의 꿈은 변치 않고
이 나라의 훌륭한 기술자이다

* 1989. 1. [통학거리가 가장 먼 기우를 생각하며]

마음의 풍족함은

보이는 것 모두가 꽃이고

아름다움이다

아름다움愛 취하다

봄소식

멈추어진 입김 끝에
아지랑이 피어나면
봄 기분은 온 거리를 뛰어다니며
길 나온 사람에게 인사를 나눕니다

꽃은 밤에도 잠들지 않는다

꽃은 피어도
항상 꽃으로서만 피는 것은 아니다
꽃은
자신을 꽃으로 알아주는 이 앞에서
비로소 꽃답게 피어난다

꽃은 저 혼자 피어나도
혼자 스스로 살아가지는 못한다
자신을 꽃으로
사랑하는 이 앞에서만
꽃답게 살아간다

꽃은 밤에도 잠들지 않는다
자신을 위하는 이 앞에서
더한 꽃이 되기 위해
꽃은 별보다 아름답게
밤에도 낮을 준비한다

십자가十字架

예수그리스도는
밤에만 오시나 보다

밤만 되면 십자가에 불이 오르고
예수님은 그리로 오시나 보다
저리도 많은 십자가가 있는데
예수님은 또 어디로 가실까

많은 사람 속에서
더욱 외로움을 느끼는 사람
예수님은 그의 친구 일거다

혼자이면서도
외롭지 않은 사람
그 이는 왜 일까

허름한 성경책에

두 손을 모으고
마음 깊은 곳에
깨끗한 샘이 있는 사람

그 이는
우리의 곁에서 항상
열심히 사는 사람일 게다

계절이 간 다음에야
그 계절을 맞는 사람
꽃이 진 다음에야
그 꽃이 피는 사람
그 이는 누구 일까

아직은 등을 준비 못해
십자가에 불을 달지 못한 곳에도
예수님은 오실까

어둠속에서도

가장 밝음을 가지신 이

그 이는 누구이실까

예수 그리스도는

새벽이 열리매 가시나 보다

교회당의 종소리가

대지의 잠을 깨울 때

예수님은 어디로 가실까

밤이 오는

지구 저편 어느 나라로

예수님은 가시는가

화중화花中花

피인 달래 진달래
우리네 동산
꽃빛이 온 산에 가득하니
내 마음마저 불그레 젖어듭니다
어디서 저리도 빨알간 꽃이
피어 났을까요

하늘에서 내려 왔을까요
땅속에서 올라 왔을까요
그 꽃이 나를 향해 미소 지니
나마저 한 송이 꽃으로 미소 집니다

피인 나리 개나리
우리네 돌담길
꽃빛이 온 들에 가득하니
내 마음마저 다정의 빛으로
물들어 옵니다

산 넘어 왔을까요
바다 건너 왔을까요
저리도 고운 꽃이
나를 향해 미소 지니
나마저 한 송이 꽃으로 미소 집니다

고향의 봄

봄이 마음에 들어
싱송생송 해도
고향의 봄 아니니
마음 서러라
*송호리 강가의 능수버들은
휘어들 져 휘어들 져 강속 푸르고
*송천교 아래의 버들강아지
물 첨벙 물 첨벙 하루 짧겠지

봄이 마음에 깊어
싱송생송 하니
꿈속엔들 고향으로
달려를 간다
아버지 사시는 묘지 옆의
잔디 푸르고 잔디 커지고
어머니 고단하신 하루
봄이 깊어요

봄이 왔다 산과들은

꽃 피워나고 노래 부르고

친구들 하나하나 얼굴에 이름 짚어

하루를 난다

* 1988. 3.
[송호리 : 충북 영동 양산 팔경의 하나, 송천교 : 영동 용산 율리 초강천]

花-목련

꿈속에 뵈이던 꽃이
아침에 피었구나

깨질세라 조바심 바쳐
여미어 온 가슴에
하이얀 꽃 봉우리가
정성으로 벌었구나

깨끗함을 생명으로
여기며 자란 꽃
우리네 가슴-가슴에 사는
여인女人인 듯 웃는구나

봄은 기분 좋은 발견, 신비스런 느낌

들새도 모르는
돌 틈 사이로 제비꽃하나
피었구나
저 만큼 멀리로엔
앉은뱅이 민들레꽃
아아, 봄은 기분 좋은 발견

숨을 쉬지 않아
가는 물줄기 길 비켜간
메마른 자리의 노목老木에도
아기 나무에 돋는 새싹이
눈 뜨는 구나
아아, 봄은 기분 좋은 발견

긴 겨울 걷어내고
피어난 개나리
노랗게 눈 뜬 병아리와 친구되었다

봄은 봄은
신비스런 느낌

봄 까치 소식에 먼저 하여
잊혀져간 이름들
엽서 하나 주워들 때
봄, 봄은 내 몸 속에 이는
신비스런 느낌

지구의 봄소식

정원의 꽃무리 지나
산 향기 가득한 5월산

밤 오기 기다려
달무리진 나라 은반의 세계로
예서 빨리
별 떨기 무성한 은하수까지
한 통의 편지를 전하노라

라일락 꽃

라일락 꽃 사이로
향기 마구 퍼붓던 날
4월은
꽃피워 내다 말고
눈물만 펑펑 짓더이다

잔인한 땅에서
저리도 지체 높은 꽃이 피려고
4월은 시작부터
꽃 시새워 바람맞고
알몸 하나로 아픔 참아 내더이다

가장 짧은 순간을 위해
가장 긴 시련을 이겨낸
젊은 날의 추억
라일락 꽃

오월이 온다는 것이
서럽지 만은 않지만
향기가 진다는 것이
눈물 날 사연만은 아니지만
- 말로는 어쩔 수 없이 -

대지大地에 날리는 노스텔쟈의 향수

봄날엔

우리네 인간
이별한 비둘기처럼
초라해 지는 5월

저렇게 흐드러진
한 송이 꽃이 될 수 없고
눈부시게 푸르른
한 그루 나무도 될 수 없다

우리네 인간이
새주소 이사 간 처녀로
외로워지는 한 봄

봄날 짧도록 울어대는
산 뻐꾸기 될 수 없고
잘할래야 몸 달아도
부처님 손안의 한 점 미숙물이다

나 다시 태어나면

나 다시 태어나면
무엇이 될꼬하니

그대 뜻으로
웃고 우는 꽃이 되리라
아무도 모르는 외진 곳에
피어나는 들꽃이 되리라

그대 뜻으로
봄이 오면
소박한 웃음짓고 사는
그대 오시는 길에 들꽃 되리라

나 다시 태어나면
무엇이 될꼬하니

그대 뜻으로
살고 지는 산새 되리라
하늘도 모르는 저 켠에
둥지 틀고 사는 산새 되리라

그대 마음하신 대로
겨울이 들면
몸 사위어 진다해도
그대 오시는 길에
노래하는 산새 되리라

들 길

들길로 아침을 걸으면
간밤의 시미런 마음
모두 사라지고
마음은 종달새처럼
높이 오르며
지지 쫑쫑 지지 쫑

보리 수염 우에로
햇살이 구르고
봄을 깨우는 농부의 쟁기는
대지의 합창을 부른다
근심 있는 이여
이 길로 이르자
미움 있는 이여
이 길로 다다르자

처음을 알 수 없는 산속 깊은 물
이리로 이어져
그 생명력 놀라웁고
발한치 옮길 때 마다
새로이 나타나는 아름다운 들꽃
오, 신비스런 발견

눈이 있어도 볼 수 없고
귀가 있어도 들을 수 없는 사연
이 들길에서는 모두 거짓이어라
입 하나의 사실로는
다 그리지 못한
봄날 아침의 놀라운 들길이여

일상日常의 기쁨

새 옷을 샀을 때 기분은
입지 않아도
최고의 미인으로
거울 앞에 서는 나

몰래워 놓인 예쁜 상자 하나
내게 너무 잘 맞는
한 벌의 옷
그대는 천사를 만드는
금세기 최고의 디자이너

한 권의 시집을 사는 기분은
내가 소월素月이 되고
라이너 마리아 릴케로 되는 기쁨

예쁜 포장지에 들어
그대가 전하는 한 권의 시집

바로 내가 찾던
그 책입니다

직립의 동물로서 최대 기쁨은
한권의 시집을 받는 순간
그 속에 담긴 장밋빛 시를
그대 가슴에 달아 드리는 순간

고귀高貴

가는 오월에
가장 부드럽게 수놓은
아카시아 꽃에
진동하는 그 향기여

타래타래 실타래 마다
치렁치렁 달린 꽃이
향기를 펴 부어도
동짓날 눈 날리듯
녹색의 언덕에 나리는 구나

꽃 잔치

넘나는 새벽 향기
어디에서 시작됐나
코를 높이 세우고
길을 따라 나서이다

아가 손
어린 손으로 뻗어 오른
초등학교 담위로 울창한 넝쿨 장미가
둥글둥글 피고 피어
꽃 잔치 운동회가 열렸습니다

옥잠화玉簪花

(Ⅰ)

옥비녀를 지녔기에
옥잠화 인가
여름이 가는 길목에
내가 맞은 여인
순결하고 애련한
고려의 여인

풀벌레 노래 밝혀
밤에사 피고
이슬도 눈 뜨기전
가시 옵기에
그대는 차라리 조선의 여인

어쩌나 마음 재며
새벽 열치면
당신은 저만치-
새 길잡이 대한의 여인

(Ⅱ)

청靑줄기 기름하게
빼어난 허공에
이름도 고매高邁로운
그댄 옥잠화

가지런 곱게한 옷단장에
어리우는 얼굴이
시대의 흰 얼 일세
그대는 옥잠화
어쩌나 마음키며
새벽 열치면
당신은 저만치-
새 빛 여는 우리의 여인女人

창포菖蒲 꽃

청록색 창공에
날듯이 피어난
보랏빛 꽃이네요

잎대롱
꽃대롱
눈길만 마주쳐도
사르르 나르리라

미진도 마다 않고
샘 좋은 어느 촌가에
귀貴한 길손 되어
건강하게 나타나신
창포 꽃 하나
꽃 창포 둘

가을 속에는

가을 속에는
빨 – 알 – 강 색만 들어산다
가을 속에는
노 – 오 – 랑 색만 들어있다

불타는 가슴
안으로 안으로만 여밀어
올올이 자라난 동구 밖 사과인양
널 다란 들판의 벼이삭인양

가을은
태양을 바라 한 없이 부드러운
자태로 수놓은
산비둘기 마음 같은 평화

가을 속에는
파 – 아 – 란 바람만 들어있다

가을 속에는
높 - 다 - 란 바람만 들어산다

교회당 높다란 첨탑 위에 걸린
하늘이
미숙한 기도로도 열리고
내 작은 의지에도
황금의 날개를 돋게 하는

영원히 살아도 근심하나 없어
서러운 날의 가을은
산 다람쥐 목에 두른
은방울 같은 자유

성산포에서

성산포에서 만나는 사람 모두는
낯이 익다
남국에서 불어오는 바람에
미소를 던지며 보는 얼굴은
한 번쯤 다시 만나보고
싶었던 사람뿐이다

누가 이곳으로 우리를 모이게 했나
누가 이곳에서 우릴 손잡으라 했나

저 마다의 얼굴에는 꽃이 피고
가슴은 가벼운 설레임이 나부낀다

내일은 비가와도 좋으련
저 멀리 작은 배가 손에 잡히니
내일은 비가와도 후회 없으리
제주도의 마음이 물속에 비치니

성산포에서 만나는 사람은
눈빛이 곱다

누가 먼저랄 것 없이
누가 손해보고
누가 이익을 얻는다는 것 없이
따뜻한 고향의 눈빛으로
먼저 권하고
먼저 이야길 나눈다

성산포에서 만나는 사람은
자기 자랑을 모른다
돌아가는 발걸음은 잊어버리고
앉아서 밤을 새워도
낮아지는 자기를 말하고
겸손해 지는 내일을 약속한다

* 1990. 6. [제주도 수학여행 중, 가랑비 속에서 성산포 오르다]

가슴이 두 · 근 · 두 · 근
아름다운 떨림이 있는 시

순수정담

초판 1쇄 발행 2017년 1월 3일

지은이 신동신

발행인 박재관
발행처 (주)인포피아
디자인 양영아

출판등록 2005년 1월 13일 제2005-000001호
주 소 전라북도 전주시 완산구 아중로 33
대표전화 063-253-1004

블로그 http://blog.naver.com/shin001
이메일 shin006@jbedu.kr

ISBN 978-89-94512-18-1